最速3分 レンチンで楽々！

コンテナパスタ

田村つぼみ

はじめに

この本は、忙しいときや、楽をしたい日に
活用して欲しい麺ごはん本です。

自分のため、家族のためと思っても
毎日ご飯を作るのはけっこう大変で
外食やお惣菜を買ってすませたりすると、
なぜか罪悪感を感じてしまうし……。
そんな「食」に対して真面目なみなさんに、
ひと息入れてもらえたらと思って作ったのが本書です。
主食、保存食、おつまみとして、
幅広く活用してもらえるメニューを詰め込みました。

火を使わず、電子レンジの加熱のみで作れるので、
調理はとても楽ですし、洗い物も少なくてすみます。
長いレンジ加熱時間の合間に、着替えや洗濯、
掃除なんかをすませることもできちゃう……
と思います（笑）。

いろんなシーンで、いろんな方が、
この本を参考にして、無理なく
"ふだんごはん"作り
をしていただけたらうれしく思います。

田村つぼみ

コンテナパスタは
みんなの味方

頼れる
3つの
Point

Point.1

**難しい手順はナシ！
材料をコンテナに入れるだけ**

電子レンジ対応の保存容器に、すべての材料を入れて電子レンジにかけるだけ！　コンテナ1つで調理ができて、洗い物も減らせてとっても楽チン。1コンテナで1人分以上作るのは不向きですが、一人暮らしの方には◎。

Point.2

**コンロも不要
加熱は電子レンジにおまかせ**

加熱する工程は、電子レンジのみ使用。レシピによっては途中で混ぜて再加熱することもありますが、フライパンや鍋で調理するときのように、火加減を見ながらつきっきりで煮たり炒めたりすることはありません。火を使わないので料理ビギナーさんやお子さんでも安全で手軽に調理できます。

Point.3

冷蔵＆冷凍保存も OK!
作り置きメニューとしても重宝

電子レンジにかける前の状態でコンテナごと保存。レンジ加熱時間や加熱後に入れるものをメモして冷凍すると、あとあと楽チンです。保存に不向きなメニューもありますので、各レシピページのアイコンを確認してください。また、冷凍保存する場合は、冷凍使用ができるコンテナを使いましょう。

上記のように材料を入れた状態で、ふたをして冷蔵・冷凍保存する。

センスよく盛りつけよう!

そのままコンテナを器にしてもいいのですが、皿に盛る方が食卓も華やかに。ちょっとしたコツで気分も上がるきれいな盛りつけができます。

お箸やトングでパスタをひねりながら持ち上げ、高さを出す。

パスタの上に具材を飾りつけるようにのせる。

できあがり!

CONTENTS

第1章
早ゆでパスタ
編

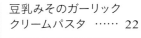
加熱時間 **3分+2分**

加熱時間 **3分**

加熱時間 **3分+2分**

加熱時間 **3分+2分**

加熱時間 **3分+2分**

加熱時間 **3分+2分**

加熱時間 **3分+2分**

加熱時間 **3分+2分**

※各メニューの加熱時間は、600Wの電子レンジを使用して、調理した場合の加熱時間の目安です。

冷製ガスパチョパスタ
………………… 31

スープカレーパスタ
………………… 32

オマールエビのスープ
パスタ ……………… 34

加熱時間 **3**分

加熱時間 **3**分+**2**分

加熱時間 **3**分+**2**分

サケのクリームパスタ
………………… 35

デミスパ
………………… 36

トマトカレースープスパ
………………… 37

加熱時間 **3**分+**2**分

加熱時間 **3**分+**2**分

加熱時間 **3**分+**2**分

ねぎとあおさのスパ
………………… 38

かぼちゃのスープスパ
………………… 39

ほうれん草とサケの
スープスパ ………… 40

加熱時間 **3**分+**2**分

加熱時間 **3**分+**2**分

加熱時間 **3**分+**2**分

第2章
ロングパスタ
編

王道のたらこパスタ
………………… 42

ミートソースパスタ
………………… 44

加熱時間 **12**分

加熱時間 **12**分

シーフードパスタ
………………… 45

きのこたっぷり
和風パスタ ………… 46

プッタネスカ
………………… 47

加熱時間 **12**分

加熱時間 **12**分

加熱時間 **12**分

詳しくは、各メニューのレシピをご確認ください。

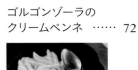

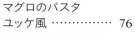
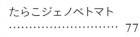

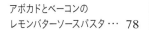

第4章
番外
編

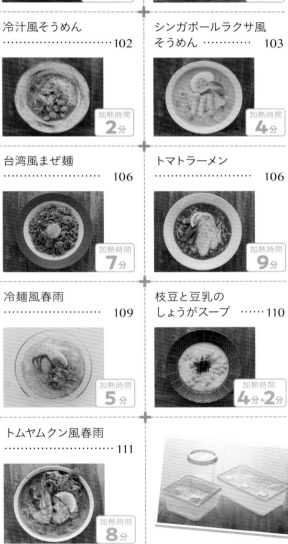

コンテナの選び方

ふたの耐熱温度に注意する

コンテナによっては、ふただけ耐熱素材でないものや耐熱温度が低い場合があります。溶けたり変形したりする恐れがありますので、使用する前に必ず確認しましょう。

深さのあるコンテナを選ぶ

レンチン調理は気泡が出やすく、深さがないと中身が吹きこぼれてしまいます。コンテナの容量にもよりますが、最低でも 60mm 以上の深さがあるものを選んでおくと安心です。

底面の広い正方形タイプがベター

底面の広いタイプの方が材料を敷きつめやすく、加熱のムラも抑えられます。入れる食材の量に対して、ゆとりのあるサイズのコンテナを選びましょう。

本書で使用しているコンテナ

材質: ポリプロピレン［本体・ふた］

形 : 正方形

容量: 約 1100ml

サイズ: タテ・ヨコ約 155mm

高さ約 85mm

耐熱温度: 140℃

耐冷温度: -20℃

レンジ加熱と冷凍保存
どちらでも使えるタイプのものを

レンチン調理に使うコンテナは、本体・ふたともに耐熱温度は100℃以上、耐冷温度は-20℃のものにしましょう。プラスチック製やガラス製、シリコン製などいろいろなタイプがありますが、プラスチック製が扱いやすく、値段も安価でオススメです。ふただけ耐熱温度が低くかったり、耐熱素材でない場合がありますので、使用前に必ず確認しましょう。

加熱時にはふたは閉めず、
ずらしてのせる

電子レンジでの加熱は直火調理よりも水分が蒸発しやすく、ふたを外して加熱すると中身がパサパサになってしまいます。かといって、ふたをしっかり閉じて加熱すると、水蒸気によってコンテナが変形したり破裂したりすることも。上の写真のようにふたをのせて加熱することで蒸気が適度に保たれ、パサつきも破裂も防げます。

耐熱の器を使ってもOK

調理してすぐに食べる、または昼間に仕込んで冷蔵し、夕食時に調理（レンチン）するという短時間の保存なら、コンテナではなく耐熱の器でもOK。ただし、コンテナと同じように浅い器だと吹きこぼれる可能性があるので、深いものを使いましょう。レンチンする際は、ラップをふわっとかけて、器とラップに隙間ができるようにします。

コンテナに入れるのと同じ要領で耐熱の器に具材を入れます（16ページ参照）。

ラップは軽くかけます。ぴったりと密閉せず、蒸気の逃げ道を作っておきましょう。

本書で使用する
パスタと加熱時間

電子レンジ（600w）でのゆで時間は
パッケージ表示に＋3分を目安に

早ゆでタイプのパスタをのぞき、レンジでの加熱時
間はパッケージのゆで時間＋3分が目安。同じ種類、
太さのパスタでもメーカーによって推奨されている
ゆで時間が異なります。そのため、レンジ加熱の時
間も、パッケージのゆで時間をもとに調整する必要
があるので注意しましょう。

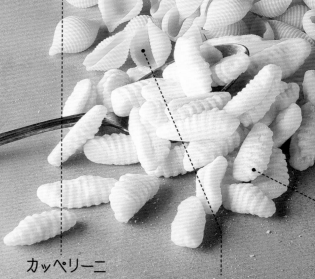

スパゲティ

直径 1.6 〜 2㎜程度の定番パスタ。本書
ではゆで時間 9 分のタイプと、ゆで時間
3 分の早ゆでタイプを使用。

電子レンジのワット数と
加熱時間の目安

600W	500W	700W
1 分	1 分 10 秒	50 秒
2 分	2 分 20 秒	1 分 40 秒
3 分	3 分 40 秒	2 分 30 秒
4 分	4 分 50 秒	3 分 20 秒
5 分	6 分	4 分 20 秒
6 分	7 分 10 秒	5 分 10 秒
7 分	8 分 20 秒	6 分
8 分	9 分 40 秒	6 分 50 秒
9 分	10 分 50 秒	7 分 40 秒
10 分	12 分	8 分 30 秒

本書では 600W の電子レンジを使用しています。
500W・700W の場合は上記表を、1000W の場
合は 500W の半分の時間を目安に。メーカーや
機種によって仕上がりに差がありますので、料理の
状態をみて微調整をしてください。

カッペリーニ

直径 1.3㎜未満の細さが特徴
的なロングパスタ。本書では
直径 0.9㎜、ゆで時間 2 分
のタイプを使用。

コンキリエ

ソースが絡みやすい、シェ
ル形のショートパスタ。本
書ではゆで時間13分のタ
イプを使用。

ファルファッレ

蝶ネクタイのような形状の
ショートパスタ。本書で
はゆで時間 13 分のタイ
プを使用。

ニョッキ

ジャガイモと小麦で作ら
れている団子状のパスタ。
本書ではゆで時間 3 分の
タイプを使用。

ペンネ

筒状で斜めにカットされ
たペン先のような形をした
ショートパスタ。本書では
ゆで時間 12 分のタイプと
ゆで時間 3 分の早ゆでタイ
プを使用。

フィジリ

螺旋状のショートパスタでソース
がよくからむのが特徴。本書で
はゆで時間 11 分のタイプとゆで
時間 3 分の早ゆでタイプを使用。

基本の
手順とルール

STEP 1 材料を切る

具は基本的に
同じ大きさ・太さに切りそろえる

レンチン調理で一番注意したいのは加熱不足による生煮え。これを防ぐため、具材を切る際は同じ大きさ・太さになるよう心がけて。メニューによって切り方に違いがあるので、詳しくはレシピを。

STEP 2 コンテナに詰める

加熱ムラができないように
バランス良く並べましょう

スパゲティなどのロングパスタは半分に折って「X」の形になるように入れましょう。原則としては水とパスタを先に入れ、その上に調味料や具材をなるべく平になるように重ねていきます。

ふたのかわりにラップでも OK です

ふたが加熱に対応していない場合や耐熱の器で作る際は、深めの器を用意し、ふたのかわりにラップをかけましょう。蒸気の逃げ道ができるよう、密着させず、ふんわりとかけるのがポイント。

STEP 3 電子レンジで加熱する

ふたをずらしてコンテナにのせ電子レンジにかける

ふたを閉めてレンジにかけると、蒸気によりコンテナが変形したり破裂してしまうおそれがあります。ふたは少しずらしてのせ、適度に蒸気が抜けるようにしておきましょう。

STEP 4 盛りつける

よく混ぜて味をなじませ、メニューによっては蒸らし、器に盛る

レンチン後はコンテナ内の具材をよく混ぜ合わせてから、器に盛ります。混ぜているときにパスタがかたいようなら、追加で加熱しましょう。加熱後のコンテナはとても熱いので、やけどに注意して。

コンテナ パスタ Q&A

Q 火の通り加減は どうやって確認する?

A 味見してみて 芯がなければ OK

パスタのゆで加減が気になる場合は、1本つまんで、芯の残り具合を確かめてみましょう。かたいようなら加熱時間を追加します。レシピの具のサイズに合わせていれば、具材までしっかり加熱できます。

Q 普通のパスタと 早ゆでパスタの違いは?

A パスタの 密度が違います

早ゆでタイプは密度を軽くするなどして、火の通りをよくしています。通常タイプと比べると食感と腹持ちも軽くなります。夜食やおつまみに早ゆでタイプを使うなど、用途によって使い分けるとよいでしょう。

Q 冷凍保存したものでも レンチン時間は同じ?

A 冷凍したものは 長めに加熱して

一度冷凍した場合は、本書レシピ内の「冷凍から加熱」のアイコンに表示されている時間で加熱を。通常よりも3分ほど多めに加熱しますが、2回に分けてレンチンするレシピの場合は、1回目のレンチンに+3分します。

Q 2人分作るときは全て倍量にすればよい?

A 倍量調整は NG 1コンテナ1人分で

原則として1コンテナ1人分で作ってください。コンテナの容量に余裕があったとしても単純に倍量するだけでは、加熱時間が長くなりすぎる恐れがあり、おすすめできません。

Q レシピによってレンチンの回数が違うのはなぜ?

A 吹きこぼれ防止と食感 UP のため

電子レンジでの加熱を2回に分けているレシピには、それなりの理由があります。ひとつはタンパク質が豊富に含まれている液状の食材や調味料(牛乳・生クリーム・豆乳・塩麹など)が吹きこぼれやすいことです。もうひとつは食感をよくするためで、野菜などは後から加えて加熱します。葉物野菜を最後に加えて、余熱で仕上げているレシピもありますが、理由は同じです。すべてを柔らかくして食べたい方は、ほかの具材といっしょに1回のレンチンで調理しても問題ありません。

葉物は後入れにした方が食感よく仕上がります。

Q どの電子レンジでも作り方は同じですか?

A 電子レンジのタイプによってコンテナを置く位置に気をつけて

電子レンジは、ターンテーブルタイプとフラットタイプでは構造上の違いでホットスポット(温まりやすい場所)に違いがあります。使用する電子レンジのタイプを確認して、ターンテーブルタイプはテーブルの端、フラットタイプは庫内中央がそれぞれホットスポットとなっているので、そこにコンテナを置くようにしましょう。

本書の決まりごと

- ●本書のレシピはすべて1人分です。
- ●調味料の分量は大さじ1 = 15ml = 15cc、小さじ1 = 5ml = 5cc
- ●洗う、皮をむく、へたをとるなどの野菜の下処理は省略している部分があります。
- ●コンテナは正方形で、容量約1100mlのものを主に使用しています。
- ●電子レンジの加熱時間は600Wでのものです。
- ●パスタは14 〜 15ページで紹介したゆで時間のものを使用しています。
- ●「冷凍から加熱」「冷凍保存」のアイコンがついてないメニューは冷凍保存できません。

本書の見方

油で炒めないので軽やかなソースに仕上がる

ミートソースパスタ

電子レンジで加熱する前のコンテナの状態。冷凍保存する場合は基本この状態で密閉し、冷凍庫に入れます。

冷凍状態からの電子レンジの加熱時間です。+3分が目安で、加熱を2回に分けて行うレシピでは、1回目に+3分追加します。

加熱時間	冷凍から加熱	冷凍保存
12分	15分	14日

作ってすぐ加熱する場合の電子レンジの加熱時間です。2回に分けて加熱するメニューでは、2回目を「+」で表示しています。

冷凍庫での保存日数の目安です。

材料

ゲティ	100g
ぎ	1/4個
き肉	100g
	250ml
トトマト(缶詰)	100g
ケチャップ・ソース	各大さじ1
コンソメ	小さじ1/2
塩	小さじ1/3
ーズ・ドライパセリ	各適宜

作り方

① 玉ねぎはみじん切りにする。

② スパゲティは半分に折り、コンテナに入れる。合挽き肉、水、カットトマト、①、Aを加えてふたをのせ、電子レンジで12分加熱する。

③ よく混ぜて器に盛り、お好みで粉チーズとパセリをふる。

44

20

第1章

最速3分チンするだけ！本格味の超時短メニュー

早ゆでパスタ編

早ゆでパスタに即席スープの素やフリーズドライ食品などの
便利食材を合わせ、超時短＆おいしいを実現！
冷凍保存はできませんが、最速レンチン3分で、
本格派の味を楽しむことができます！

【第1章で使用するパスタの種類】

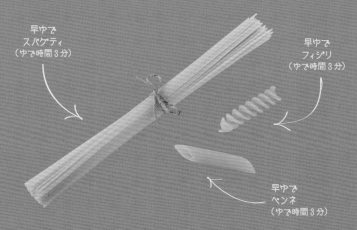

早ゆで
スパゲティ
（ゆで時間3分）

早ゆで
フィジリ
（ゆで時間3分）

早ゆで
ペンネ
（ゆで時間3分）

※「ゆで時間」はパスタのパッケージに明記されている分数で、レンジ加熱時間のことではありません

みそとにんにくの香りが食欲を刺激する！

豆乳みそのガーリッククリームパスタ

加熱時間
3分+**2**分

早ゆでペンネ
×
即席みそ汁

材料

早ゆでペンネ ………………… 50g

水 ………………………… 150ml

A 即席みそ汁
　　（生タイプ・しじみ味）………… 1袋
　　おろしにんにく …… 小さじ 1/2

調整豆乳 ………………… 50ml

バター …………………………… 5g

作り方

① コンテナにペンネ、水、A を入れてふた
をのせ、電子レンジで3分加熱する。

② 調整豆乳とバターを入れて再び2分加熱
し、よく混ぜて器に盛る。

加熱時間
3分

早ゆでスパゲティ ✕ お吸いものの素

〜お吸いものの素＆干ししいたけでだしの風味がじんわり〜

まつたけのバターしょうゆパスタ

材料

早ゆでスパゲティ …………………… 50g

水 ………………………………… 150ml

A　お吸いものの素
（顆粒・まつたけ味）…………… 1袋

　　干ししいたけ （スライス）……… 3g

バター ………………………………… 5g

しょうゆ ………………… 小さじ1弱

作り方

❶ スパゲティは半分に折り、コンテナに入れる。水と A を加えてふたをのせ、電子レンジで3分加熱して蒸らす。

❷ バター、しょうゆを入れて混ぜ合わせ、器に盛る。

23

加熱時間
3分+2分

トリュフ風味を手軽に再現！ ワインにピッタリ

トリュフパスタ

材料

早ゆでペンネ	50g
水	150ml
トリュフリゾット（フリーズドライ）	1袋
粉チーズ	適宜
こしょう	適宜

作り方

❶ ペンネと水をコンテナに入れてふたをのせ、電子レンジで3分加熱する。

❷ トリュフリゾットを入れてよく混ぜ、全体にからめたら再び2分加熱する。器に盛り、お好みで粉チーズとこしょうをふる。

Point

フリーズドライの商品は、コンテナが冷める前に手早く入れて、よく混ぜる。

濃厚なチーズの味わいと食べ応えに大満足!

3種のチーズパスタ

加熱時間
3分+2分

早ゆでフィジリ

チーズリゾット

材料

早ゆでフィジリ ……………… 50g

水 ………………………… 250ml

チーズリゾット
(フリーズドライ) ……………… 1袋

塩・こしょう ……………… 各少々

パセリ ……………………… 適量

粉チーズ …………………… 適宜

作り方

❶ フィジリと水をコンテナに入れてふたをのせ、電子レンジで3分加熱する。

❷ 3種のチーズリゾットを入れてよく混ぜ、全体にからめたら再び2分加熱して蒸らす。パセリと塩、こしょうで味を調え、器に盛る。お好みで粉チーズをふる。

25

だしの風味が利いたカルボナーラ!

和風カルボナーラ

加熱時間
3分+2分

早ゆでスパゲティ ×  茶碗蒸しの素

材料

早ゆでスパゲティ ………………………… 50g
水 …………………………………………… 200ml
A｜茶碗蒸しの素（フリーズドライ）…………… 1袋
　｜生クリーム・粉チーズ ………… 各大さじ1
　｜こしょう ……………………………… 少々
温泉卵 ……………………………………… 1個

作り方

① スパゲティは、半分に折りコンテナに入れ、水を加えてふたをのせ、電子レンジで3分加熱する。

② Aを入れてよく混ぜ合わせ、再び2分加熱する。器に盛り、温泉卵をのせる。

\ 甘じょっぱくておつまみに最適! こしょう多めが◎ /

コーンペッパーしょうゆのクリームパスタ

加熱時間
3分+2分

早ゆでフィジリ × 「クノール® カップスープ」コーンクリーム

材料

早ゆでフィジリ ……………… 50g

水 ……………………………… 200ml

A 「クノール® カップ・スープ」
　　コーンクリーム ……………… 1袋

　　バター ………………………… 5g

　　こしょう ……………………… 適量

　　塩 ……………………………… 少々

　　しょうゆ ……………………… 小さじ1

ドライパセリ …………………… 適宜

作り方

❶ フィジリと水をコンテナに入れてふたを
のせ、電子レンジで3分加熱する。

❷ A を入れてよく混ぜ合わせ、再び2分
加熱する。器に盛り、お好みでパセリを
ふる。

スープがまろやかな酸味のパスタソースに！

ツナトマパスタ

加熱時間
3分+2分

早ゆでスパゲティ × トマトスープ

材料

早ゆでスパゲティ	50g
水	200ml
A｜ツナ（缶詰）	1缶（70g）
｜トマトスープ（フリーズドライ）	1個
パセリ	適宜

作り方

❶ スパゲティは、半分に折りコンテナに入れ、水を加えてふたをのせ、電子レンジで3分加熱する。

❷ A を入れてよく混ぜ合わせ、再び2分加熱する。器に盛り、お好みでパセリをふる。

29

水煮缶とルーでささっと手軽に

サバカレーパスタ

加熱時間
3分+2分

早ゆでペンネ × カレールー

Point

フレークタイプのカレールーは2度目の加熱の前に投入。その方がとけやすく、なじみがよい。

材料

早ゆでペンネ ………………………	50g
サバの水煮（缶詰）………………	1/2 缶
（汁と具を合わせて約 100g 程度）	
水 …………………………………	200ml
A｜カレールー（フレーク）……	大さじ1と1/2
｜しょうゆ ………………………	少々
ドライパセリ ……………………	適宜

作り方

❶ ペンネとサバの水煮、水をコンテナに入れてふたをのせ、電子レンジで3分加熱する。

❷ Aを入れてよく混ぜ合わせ、再び2分加熱する。器に盛り、パセリをふる。

\ 夏にピッタリのさわやかパスタ /

冷製ガスパチョパスタ

加熱時間
3分

Point

早ゆでスパゲティ　×　ガスパチョ

氷を水の分量の一部として入れれば、冷やしながら仕上げることができて便利です。

材料

早ゆでスパゲティ ……………… 50g
水 ……………………………… 150ml
A｜ガスパチョ（フリーズドライ）…… 1袋
　｜氷 ……… 60g（約6〜7個分）
　｜水 …………………………… 60ml
オリーブオイル・タバスコ … 各適量

作り方

❶ スパゲティは、半分に折ってコンテナに入れ、水を加えてふたをのせ、電子レンジで3分加熱して蒸らす。

❷ Aを入れてよく混ぜ合わせ、氷が溶けたら器に盛り、オリーブオイルとタバスコをふる。

\生クリームとソースをプラスして濃厚に!/

スープ・カレーパスタ

加熱時間
3分＋2分

 早ゆでフィジリ ×   カレー

材料

早ゆでフィジリ	……………………………	50g
水	……………………………	250ml
A	カレー（フリーズドライ）……………………	1袋
	中濃ソース …………………………	大さじ1
	生クリーム …………………………	大さじ1
粉チーズ	……………………………	適宜

作り方

❶ フィジリと水をコンテナに入れてふたをのせ、電子レンジで3分加熱する。

❷ Aを入れてよく混ぜ合わせ、再び2分加熱する。器に盛り、お好みで粉チーズをふる。

Point

Aは全体が熱いうちに入れることでよく混ざります。加熱を終えたばかりのコンテナはとても熱くなっているので、やけどに注意しましょう。

もはやお店の味！ 残ったソースにパンをつけても◎

オマールエビのスープ・パスタ

加熱時間
3分+**2**分

 ×

材料

早ゆでスパゲティ ················· 50g

水 ··························· 200ml

ビスク
（フリーズドライ・オマールエビ風味）··1袋

黒こしょう ······················ 少々

イタリアンパセリ ················ 適宜

作り方

1 スパゲティは、半分に折ってコンテナに入れ、水を加えてふたをのせ、電子レンジで3分加熱する。

2 オマール海老のビスクを入れてよく混ぜ合わせ、再び2分加熱する。器に盛り、黒こしょうをふり、お好みでイタリアンパセリを添える。

ポタージュがフィジリのもっちり食感と最高に合う！

サケのクリームパスタ

加熱時間
3分+2分

 ×

材料

早ゆでフィジリ	50g
サケフレーク	大さじ2
水	250ml
A　「クノール® カップスープ」ポタージュ	1袋
こしょう	少々
ドライパセリ	適宜

作り方

❶ フィジリとサケフレーク、水をコンテナに入れてふたをのせ、電子レンジで3分加熱する。

❷ A を入れてよく混ぜ合わせ、再び2分加熱する。器に盛り、お好みでパセリをふる。

おいしいデミソースが手軽に！

デミスパ

加熱時間
3分**+2**分

早ゆでフィジリ
×
ビーフシチュー

材料

早ゆでフィジリ ……………… 50g

水 …………………………… 200ml

A｜ビーフシチュー（フリーズドライ）‥ 1袋
　｜バター ……………………… 10g

粉チーズ・パセリ ………… 各適宜

作り方

❶ フィジリと水をコンテナに入れてふたをのせ、電子レンジで3分加熱する。

❷ Aを入れてよく混ぜ合わせ、再び2分加熱する。器に盛り、お好みで粉チーズとパセリをふる。

加熱時間
3分+2分

早ゆでスパゲティ × カレールー

味つけもジュースとルーにおまかせ

トマトカレースープスパ

材料

早ゆでスパゲティ …………………… 50g

ミックスベジタブル
（冷凍のままで OK）………………… 大さじ4

水 ……………………………………… 150ml

A｜ トマトジュース
（塩分の有無はどちらでも可）……… 100ml

　｜ バター ………………………………… 10g

　｜ カレールー（フレーク）…… 大さじ1と1/2

作り方

❶ スパゲティは半分に折ってコンテナに入れ、ミックスベジタブルと水を加えてふたをのせ、電子レンジで3分加熱する。

❷ A を入れてよく混ぜ合わせ、再び2分加熱し、器に盛る。

加熱時間
3分+2分

早ゆでスパゲティ

あおさスープ

あおさスープの素で和風の塩味パスタに！

ねぎとあおさのスパ

材料

早ゆでスパゲティ ……………… 50g

水 ……………………………… 150ml

A あおさスープ
（フリーズドライ）…………… 1袋

小ねぎ（刻んだもの）………… 20g

しょうゆ ………………… 少々

作り方

❶ スパゲティは、半分に折ってコンテナに入れ、水を加えてふたをのせ、電子レンジで3分加熱する。

❷ Aを入れてよく混ぜ合わせ、再び2分加熱し、器に盛る。

＼ 甘くて優しい味わい。お好みでハーブやチーズを ／

かぼちゃのスープ・スパ

材料

早ゆでペンネ ………………… 50g

水 …………………………… 200ml

「クノール® カップスープ」
栗かぼちゃのポタージュ ………… 1袋

塩・こしょう …………… 各少々

ドライパセリ ………………… 適宜

作り方

1. ペンネと水をコンテナに入れてふたをのせ、電子レンジで3分加熱する。

2. ポタージュの素を入れてよく混ぜ合わせ、再び2分加熱し、塩とこしょうで味を調える。器に盛り、お好みでパセリをふる。

加熱時間 3分+2分

早ゆでペンネ × 「クノール® カップスープ」栗かぼちゃのポタージュ

╌╌╌ サケのうま味がじんわりと広がる ╌╌╌

ほうれん草とサケのスープ・スパ

加熱時間
3分+**2**分

 ×

材料

早ゆでペンネ …………………… 50g

サケフレーク …………… 大さじ 2

水 ………………………… 250ml

「クノール® カップスープ」
ほうれん草のポタージュ ………… 1袋

黒こしょう ………………… 適量

作り方

① ペンネとサケフレーク、水をコンテナに入れてふたをのせ、電子レンジで3分加熱する。

② ポタージュの素を入れてよく混ぜ合わせ、再び2分加熱する。器に盛り、黒こしょうをふる。

第2章

定番メニューを中心に、食べ応えのある25品

ロングパスタ編

スパゲティやカッペリーニを使った、
ボリューミーな鉄板レシピを大紹介！
調理のコツをつかんできたら、リングイネや
フェットチーネなどの太いパスタでもお試しあれ！

【第2章で使用するパスタの種類】

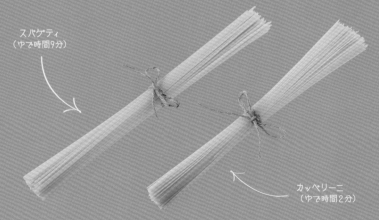

スパゲティ
（ゆで時間9分）

カッペリーニ
（ゆで時間2分）

※「ゆで時間」はパスタのパッケージに明記されている分数で、レンジ加熱時間のことではありません

もちもちパスタにたらことバターがよくからむ!

王道のたらこパスタ

加熱時間	冷凍から加熱	冷凍保存
12分	**15**分	**14**日

材料

スパゲティ	…………………………………………	100g
水	…………………………………………	300ml
A	たらこ (切子) …………………………………	50g
	塩 …………………………………………	小さじ1/4
	バター ………………………………………	20g
	しょうゆ ……………………………………	小さじ1
大葉・刻みのり	…………………………………	各適宜

作り方

❶ スパゲティは半分に折り、コンテナに入れる。水と A を加えてふたをずらしてのせ、電子レンジで12分加熱する。

❷ よく混ぜて器に盛り、お好みで刻んだ大葉やのりをのせる。

油で炒めないので軽やかなソースに仕上がる
ミートソースパスタ

加熱時間 **12分** ／ 冷凍から加熱 **15分** ／ 冷凍保存 **14日**

材料

スパゲティ	100g
玉ねぎ	1/4個
合挽き肉	100g
水	250ml
カットトマト（缶詰）	100g
A ケチャップ・ソース	各大さじ1
コンソメ	小さじ1/2
塩	小さじ1/3
粉チーズ・ドライパセリ	各適宜

作り方

❶ 玉ねぎはみじん切りにする。

❷ スパゲティは半分に折り、コンテナに入れる。合挽き肉、水、カットトマト、❶、A を加えてふたをのせ、電子レンジで12分加熱する。

❸ よく混ぜて器に盛り、お好みで粉チーズとパセリをふる。

魚介のうまみたっぷり。白ワインが味の決め手

シーフードパスタ

加熱時間	冷凍から加熱	冷凍保存
12分	15分	14日

材料

スパゲティ ………………… 100g

にんにく ………………… 1片

水 ………………………… 250ml

シーフードミックス ………… 100g

A | 塩 ………………… 小さじ1/3
  | 白ワイン …………… 大さじ2
  | しょうゆ …………… 小さじ2

オリーブオイル ………… 小さじ2

ドライハーブ ………………… 適量

黒こしょう ………………… 適量

作り方

❶ にんにくはみじん切りにする。

❷ スパゲティは半分に折り、コンテナに入れる。水、シーフードミックス、❶、Aを加えてふたをのせ、電子レンジで12分加熱する。

❸ ドライハーブとオリーブオイルを入れて、よく混ぜて器に盛り、黒こしょうをふる。

きのこの種類はお好みで

きのこたっぷり和風パスタ

加熱時間	冷凍から加熱	冷凍保存
12分	**15**分	**14**日

材料

スパゲティ	100g
水	300ml
A　オリーブオイル	大さじ1
和風だしの素	小さじ1/2
塩	少々
干ししいたけ（スライス）	5g
しめじ	100g
小ねぎ	適宜

作り方

1. スパゲティは半分に折り、コンテナに入れる。水とA、干ししいたけ、しめじを加えてふたをのせ、電子レンジで12分加熱し、蒸らす。

2. よく混ぜて器に盛り、お好みで刻んだ小ねぎを散らす。

オリーブの風味が心地よい上品な味わい

プッタネスカ

材料

スパゲティ ………………… 100g

グリーンオリーブ（種なし）…… 4個

にんにく ……………………… 2片

アンチョビ …………… 3本（10g）

ケーパー ……………………… 5粒

水 …………………………… 250ml

カットトマト（缶詰）………… 100g

A ｜ 塩 ……………… 小さじ1/3

　　唐辛子（輪切り）……… 適量

　　オリーブオイル …… 大さじ1

バター ………………………… 5g

作り方

❶ オリーブは輪切りにし、にんにくとアンチョビ、ケーパーはみじん切りにする。

❷ スパゲティは半分に折り、コンテナに入れる。水、カットトマト、❶、A を加えてふたをのせ、電子レンジで12分加熱する。

❸ バターを加えてよく混ぜ、器に盛る。

加熱時間 **12**分　冷凍から加熱 **15**分　冷凍保存 **14**日

もりもり食べたい懐かしい喫茶店のあの味!

ナポリタン

加熱時間	冷凍から加熱	冷凍保存
12分	15分	14日

材料

スパゲティ	100g
ウィンナー	2本
ピーマン	1個
水	300ml
A　塩	小さじ1/4
ケチャップ	大さじ2
ソース	小さじ1
バター	10g
粉チーズ	適宜

作り方

❶ ウィンナーは斜めに薄く切り、ピーマンは輪切りにする。

❷ スパゲティは半分に折り、コンテナに入れる。❶、水、A を加えてふたをのせ、電子レンジで12分加熱する。

❸ よく混ぜて器に盛り、お好みで粉チーズをふる。

白菜の甘みが広がる優しいスープパスタ

白菜とカキのスープ・パスタ

加熱時間 **12**分　冷凍から加熱 **15**分　冷凍保存 **14**日

材料

スパゲティ ………………… 100g
白菜 ………………………… 100g
ねぎ ………………………… 30g
生カキ（冷凍で OK ）……… 100g
A｜白だし …………… 大さじ2
　｜しょうゆ ………………… 少々
水 …………………………… 300ml
黒こしょう ………………… 少々

作り方

❶ 白菜はざく切りにし、ねぎは小口切りにする。

❷ スパゲティは半分に折り、コンテナに入れる。❶、カキ、A、水を加えてふたをのせ、電子レンジで12分加熱する。

❸ 全体をほぐして混ぜ合わせ、器に盛り、黒こしょうをふる。

50

加熱時間 **12**分　冷凍から加熱 **15**分　冷凍保存 **14**日

╲ 本家を超える深い味わいの新ペペロンチーノ ╱

アンチョビキャベツのペペロンチーノ

材料

スパゲティ	100g
キャベツ	100g
アンチョビ	3本 (10g)
にんにく	1片
水	250ml

A
塩	小さじ1/2弱
オリーブオイル	大さじ1と1/2
唐辛子 (輪切り)	適量

作り方

❶ キャベツはざく切りにし、アンチョビとにんにくはみじん切りにする。

❷ スパゲティは半分に折り、コンテナに入れる。❶、水、A を加えてふたをのせ、電子レンジで12分加熱する。

❸ 全体をほぐして混ぜ合わせ、器に盛る。

梅と大葉でさっぱりおいしく食べられる

カリカリ梅と大葉とじゃこのパスタ

加熱時間	冷凍から加熱	冷凍保存
12分	15分	14日

 材料

スパゲティ ………… 100g

ちくわ ……………… 2本

カリカリ梅の果肉 …… 10g

大葉 ………………… 1枚

水 ………………… 250ml

A│ ちりめんじゃこ
　　　…………… 大さじ2

　　めんつゆ（2倍濃縮）
　　………… 大さじ2弱

　　ごま油 ……… 大さじ1

作り方

❶ ちくわは輪切りにし、カリカリ梅と大葉は粗みじんに切る。

❷ スパゲティは半分に折り、コンテナに入れる。❶ のちくわと水、A を加えてふたをのせ、電子レンジで12分加熱する。

❸ ❶ のカリカリ梅を入れてよく混ぜ合わせて器に盛り、❶ の大葉を散らす。

加熱時間	冷凍から加熱	冷凍保存
12分	15分	14日

＼ 甘じょっぱくて少し辛い、お酒のすすむひと皿 ／

きのこと明太子のパスタ

材料

スパゲティ	100g
まいたけ	50g
明太子（切子）	30g
キムチ	50g
水	300ml
A ┃ めんつゆ（2倍濃縮）	大さじ1
┃ ごま油	小さじ2
小ねぎ	適宜

作り方

1. スパゲティは半分に折り、コンテナに入れる。ほぐしたまいたけ、明太子、キムチ、水、Aを加えてふたをのせ、電子レンジで12分加熱する。

2. 全体を混ぜほぐし、器に盛る。お好みで刻んだ小ねぎを散らす。

53

加熱時間 **12**分　冷凍から加熱 **15**分　冷凍保存 **14**日

エスニック風味のソースがクセになる

セロリとウィンナーの
ココナッツミルクカレーパスタ

材料

スパゲティ ····················· 100g

セロリ ························· 50g

ウィンナー ······················ 2本

水 ····························· 350ml

ココナッツミルク ········· 大さじ4

カレールー ············· 1と1/2かけ

作り方

1. セロリは1cm幅の斜め切りにし、ウィンナーは輪切りにする。

2. スパゲティは半分に折り、コンテナに入れる。❶と水を加えてふたをのせ、電子レンジで12分加熱する。

3. ココナッツミルクとカレールー加えて、全体をほぐして混ぜ合わせ、器に盛る。

新感覚！ 赤みそが利いたコクのあるひと皿

ナスとベーコンの和風スパ

加熱時間	冷凍から加熱	冷凍保存
12分	15分	14日

材料

スパゲティ ………… 100g

なす ………………… 1本

ほうれん草 ………… 50g

ベーコン …………… 2枚

水 ………………… 300ml

A｜ 赤みそ …… 大さじ1

｜ バター ………… 10g

作り方

❶ なすは乱切りにし、ほうれん草とベーコンはざく切りにする。

❷ スパゲティは半分に折り、コンテナに入れる。❶ のなすとベーコン、水 、A を加えてふたをのせ、電子レンジで12分加熱する。

❸ ❶ のほうれん草を加えて全体を混ぜ合わせ、ほうれん草がしんなりとしたら器に盛る。

55

卵を混ぜるタイミングが大事！ 手早く仕上げよう

カルボナーラ

加熱時間 **12**分　冷凍から加熱 **15**分　冷凍保存 **14**日

材料

スパゲティ	……………………	100g
ベーコン	……………………	1枚
水	……………………	250ml
塩	……………………	小さじ1/4
コンソメ	……………………	小さじ1
A	生クリーム ………………	大さじ1
	粉チーズ ………………	大さじ1
	全卵 ……………………	1個
	黒こしょう ……………	適量
黒こしょう・粉チーズ	…………	適宜

作り方

❶ ベーコンは1cm幅に切る。

❷ スパゲティは半分に折り、コンテナに入れる。❶、水、塩、コンソメを加えてふたをのせ、電子レンジで12分加熱する。

❸ Aを加えて手早く混ぜ合わせ、全体にとろみがついたら器に盛る。お好みで黒こしょうや粉チーズをかける。

だしの利いたスープがおいしい！

アサリボンゴレスパ

材料

スパゲティ ……………… 100g

アサリの水煮（缶詰）‥ 1缶（125g）

水 …………………… 300ml

A　白ワイン ………… 大さじ2

　　塩 ……………… 小さじ1/2

　　コンソメ ………… 小さじ1/2

　　しょうゆ ………… 小さじ1

　　オリーブオイル …… 小さじ2

パセリ ………………… 適宜

作り方

① スパゲティは半分に折り、コンテナに入れる。アサリ（缶汁ごと入れる）、水、A を加えてふたをのせ、電子レンジで12分加熱する。

② よく混ぜて器に盛り、お好みでパセリをふる。

加熱時間 **12分**
冷凍から加熱 **15分**
冷凍保存 **14日**

レモンソースの酸味とサーモンの塩気がよく合う

サーモンとアスパラのレモンバターパスタ

材料

スパゲティ ……………… 100g

アスパラガス …………… 3本

水 ………………………… 250ml

A | バター ……………… 20g

塩 ……… 小さじ1/3 強

コンソメ ……… 小さじ1/2

レモン汁 …………… 大さじ1

黒こしょう ……………… 少々

スモークサーモン ……… 4枚

レモン(輪切り) ……… 適宜

作り方

❶ アスパラガスは、軸のかたい部分を除いて1cm幅の斜め切りにする。

❷ スパゲティは半分に折り、コンテナに入れる。❶、水、A を加えてふたをのせ、電子レンジで12分加熱する。

❸ レモン汁を加えて混ぜほぐし、スモークサーモンを加えて器に盛り、黒こしょうをふる。あればレモンを添える。

加熱時間 **12分**　冷凍から加熱 **15分**　冷凍保存 **14日**

加熱時間 **12**分　冷凍から加熱 **15**分　冷凍保存 **14**日

みょうがと大葉の風味がさわやか

豚と香味野菜のスパ 〜さっぱりおろしソース〜

材料
スパゲティ	100g
大根	100g
みょうが	1本
大葉	2枚
豚しゃぶしゃぶ用肉	50g
水	300ml
ポン酢しょうゆ	大さじ2
ごま油	小さじ1
大根おろし	適宜

作り方

❶ 大根はすりおろして水気を切る。みょうがと大葉はせん切りにする。

❷ スパゲティは半分に折り、コンテナに入れる。豚肉を広げながらスパゲティにのせ、水、ポン酢、ごま油を加えてふたをのせ、電子レンジで12分加熱する。

❸ 全体を混ぜてほぐし、❶ を加えてよく混ぜて器に盛る。お好みで大根おろしを添える。

加熱時間 **12**分　冷凍から加熱 **15**分　冷凍保存 **14**日

‥‥‥‥‥塩麹のうま味とシーフードがベストマッチ！‥‥‥‥‥

昆布だし香るシーフードスープ•スパ

材料

スパゲティ	100g
豆苗	1/3袋
昆布だし	小さじ1/2
シーフードミックス	100g
水	350ml
A　塩麹	大さじ1
しょうゆ	小さじ1
黒こしょう	少々

作り方

1　豆苗は根を切り落とす。

2　スパゲティは半分に折り、コンテナに入れる。昆布だし、シーフードミックス、水を加えてふたをのせ、電子レンジで12分加熱する。

3　1 と A を加えてほぐしながら混ぜ合わせて器に盛り、黒こしょうをふる。

加熱時間 **12**分 　冷蔵から加熱 **15**分 　冷凍保存 **14**日

うまみたっぷり！　あっさり味で箸がすすむ

ツナと枝豆と昆布の和風パスタ

材料

スパゲティ …………………… 100g
冷凍枝豆 …………………… 100g
ツナ（缶詰）………………… 1缶
塩昆布 ……………………… 7g
塩 ………………… 小さじ1/4 弱
水 ………………………… 250ml
鰹節 ………………………… 適量

作り方

① スパゲティは半分に折り、コンテナに入れる。房から外した枝豆、ツナ、塩昆布、塩、水を加えてふたをのせ、電子レンジで12分加熱する。

② 全体をよく混ぜて、器に盛り、鰹節をかける。

＼　シンプルなのに香りとうまみがとっても豊か　／

のりと桜エビとねぎのパスタ

加熱時間	冷凍から加熱	冷凍保存
12分	15分	14日

材料

スパゲティ …………………… 100g

A　あおさのり（乾燥）…… 大さじ2
　　鶏がらスープの素 …… 小さじ1

水 ……………………………… 300ml

桜エビ（乾燥）……………… 大さじ2

塩麹 …………………………… 大さじ1

小ねぎ ………………………… 適宜

作り方

1 スパゲティは半分に折り、コンテナに入れる。A、水を加えてふたをのせ、電子レンジで12分加熱する。

2 塩麹と桜エビを入れて混ぜ合わせて器に盛り、お好みで小ねぎを斜め切りにして添える。

＼ パルメザンチーズをたっぷりかけて ／

オイルサーディンとトレビスのパスタ

加熱時間	冷凍から加熱	冷凍保存
12分	**15**分	**14**日

材料

スパゲティ …………… 100g

玉ねぎ ………………… 30g

にんにく ……………… 2片

トレビス ……………… 4枚

水 ………………… 250ml

塩 …………… 小さじ1/2

オイルサーディン ……… 50g

パルメザンチーズ …… 適量

作り方

❶ 玉ねぎとにんにくはみじん切りにする。トレビスはひと口大にちぎる。

❷ スパゲティは半分に折り、コンテナに入れる。❶ の玉ねぎとにんにく、水、塩、オイルサーディンを加えてふたをのせ、電子レンジで12分加熱する。

❸ ❶ のトレビスを加えてよく混ぜて器に盛り、パルメザンチーズをたっぷりとかける。

塩辛が絶妙な調味料に！

小松菜と塩辛のパスタ

加熱時間	冷凍から加熱	冷凍保存
12分	15分	14日

材料

スパゲティ ………………… 100g

にんにく ………………… 1片

小松菜 ……………………… 80g

A　塩辛 ……………… 大さじ2

　　唐辛子 ……………… 適量

　　塩 …………… 小さじ1/4

　　しょうゆ ………… 小さじ1

　　オリーブオイル …… 小さじ2

水 …………………………… 250ml

レモン ……………………… 適宜

作り方

❶ にんにくはみじん切りにし、小松菜は2cm幅に切る。

❷ スパゲティは半分に折り、コンテナに入れる。❶ のにんにく、A、水を加えてふたをのせ、電子レンジで12分加熱する。

❸ ❶ の小松菜を加えて、しんなりするまで混ぜ合わせて器に盛る。お好みでくし形に切ったレモンを添える。

＼モッツァレラと一緒に食べると、なすとトマトのうまさが際立つ!／

なすとトマトとモッツァレラのパスタ

加熱時間 **12**分　冷凍から加熱 **15**分　冷凍保存 **14**日

材料

スパゲティ ……………………………………… 100g	
なす ……………………………………………… 1本	
水 ………………………………………………… 250ml	
カットトマト（缶詰）…………………………… 100g	

A	コンソメ …………………………………… 小さじ1
	塩 ……………………………………………… 小さじ1/2
	オリーブオイル …………………………… 大さじ1

モッツァレラチーズ（パール）………………… 6粒

粉チーズ ………………………………………… 適宜

作り方

❶ なすは1cm幅の輪切りにする。

❷ スパゲティは半分に折り、コンテナに入れる。
　❶ と水、カットトマト、A を加えてふたをのせ、
　電子レンジで12分加熱する。

❸ 全体をほぐしモッツァレララチーズを加えて混ぜ
　合わせ、器に盛る。お好みで粉チーズをふる。

夏でもスルスルいただける冷製和風パスタ

納豆と刻み高菜のスパ

材料

カッペリーニ ……………… 70g
ごま油 …………………… 大さじ1/2
水 ………………………… 200ml
刻み高菜 ………………… 大さじ2
めんつゆ（2倍濃縮）…… 大さじ2
ひきわり納豆 …………… 1パック
粉チーズ・こしょう ……… 適宜

加熱時間
5分

Point

よく冷やすのがポイント。氷を
数個直接コンテナに入れてかき
混ぜるのが楽でオススメです。

作り方

1　カッペリーニは半分に折り、コンテナに入れ
　る。ごま油、水を加えてふたをのせ、電子レ
　ンジで5分加熱する。加熱後、氷水で冷やし、
　水気をしっかりと切る。

2　**1** に高菜とめんつゆを入れて混ぜ合わせて
　器に盛る。納豆と付属のタレを合わせ、パ
　スタの上に盛り、お好みで粉チーズとこしょ
　うをかけ付属のからしを添える。

加熱時間
5分

＼ 葉野菜を添えてサラダ感覚でどうぞ ／

塩レモンと生ハムのパスタ

材料

カッペリーニ ………………… 70g
水 ………………………… 200ml
塩 ………………………… 小さじ1/3
A 塩麹 ………………… 大さじ1
　 レモン汁 ………… 大さじ1/2
　 オリーブオイル ……… 大さじ1
　 塩・黒こしょう ……… 各少々
生ハム ……………………… 4枚
レモン・ベビーリーフ・黒こしょう
………………………… 適宜

作り方

❶ カッペリーニは半分に折り、コンテナに入れる。水と塩を加えてふたをのせ、電子レンジで5分加熱する。加熱後、氷水で冷やし、水気をしっかりと切る。

❷ A を入れて混ぜ合わせ、半分にちぎった生ハムを入れてざっくりと和えて器に盛る。お好みで半月切りにしたレモンとベビーリーフを添えて黒こしょうをふる。

お好みでバルサミコ酢をかけてもおいしい

カラフルトマトとバジルの冷製パスタ

材料

カッペリーニ ……… 70g
ミニトマト(赤・黄色など)
……………………… 8個
バジル …………… 1枝
フレンチドレッシング
………………… 大さじ2
水 ……………… 200ml
塩 ………… 小さじ1/3

作り方

1 ミニトマトは半分に切ってボウルに入れ、フォークで潰し、ちぎったバジル、フレンチドレッシングと混ぜ合わせる。

2 カッペリーニは半分に折り、コンテナに入れる。水と塩を加えてふたをのせ、電子レンジで5分加熱する。加熱後、氷水で冷やし、水気をしっかりと切る。

❸ ❶ を入れ、よく混ぜ合わせる。

加熱時間
5分

第3章

おつまみにも◎。ちょっとおしゃれな20品

ショートパスタ編

主菜のほか、ちょっとした
お酒のあてにも向いているメニューを用意。
パスタのチョイスで同じ料理でも
印象はがらりと変わります！

【第3章で使用するパスタの種類】

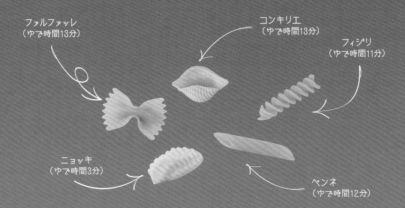

ファルファッレ
（ゆで時間13分）

コンキリエ
（ゆで時間13分）

フィジ＊リ
（ゆで時間11分）

ニョッキ
（ゆで時間3分）

ペンネ
（ゆで時間12分）

※「ゆで時間」はパスタのパッケージに明記されている分数で、レンジ加熱時間のことではありません

チーズ好きにはたまらない、ゴルゴンゾーラの濃厚なソース!

ゴルゴンゾーラのクリームペンネ

加熱時間 **15**分　冷凍から加熱 **18**分　冷凍保存 **14**日

材料

ペンネ ………………… 60g
にんにく ………………… 1片
水 ………………… 250ml
A｜ゴルゴンゾーラ ……30g
　｜バター …………… 10g
　｜生クリーム …… 大さじ4
　｜粉チーズ ……… 大さじ2

作り方

1 にんにくはみじん切りにする。

2 コンテナにペンネと **1**、水を入れてふたをのせ、電子レンジで15分加熱する。

3 　を加えてよく混ぜ合わせ、器に盛る。

╲ 大ぶりのタラが口の中でホロホロほどける！ ╱

タラとトマトのパスタ

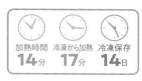

加熱時間 **14**分　冷凍から加熱 **17**分　冷凍保存 **14**日

材料

フィジリ	60g
塩ダラ	1切
玉ねぎ	1/4 個
にんにく	1片
カットトマト（缶詰）	100g
水	180ml

A｜ 白ワイン ………… 大さじ1
　　唐辛子（輪切り）…… 適量
　　塩 ………… 小さじ1/3 強
　　黒こしょう ………… 少々

ミント …………………… 適宜

作り方

❶ 塩ダラはひと口大に切る。玉ねぎとにんにくはみじん切りにする。

❷ コンテナにフィジリと❶、カットトマト、水、Aを加えてふたをのせ、電子レンジで14分加熱して蒸らす。

❸ よく混ぜ合わせ、器に盛り、お好みでミントをのせる。

73

赤ワインのコクが豊かな本格ソースが◎

ボロネーゼ

加熱時間	冷凍から加熱	冷凍保存
14分	**17**分	**14**日

材料

フィジリ ……………………… 60g

玉ねぎ ……………………… 1/4個

にんじん …………………… 1/5本

セロリ ……………………… 30g

合挽き肉 …………………… 100g

水 …………………………… 150ml

カットトマト（缶詰）………… 50g

A 　赤ワイン …………… 大さじ1

　　コンソメ …………… 小さじ1

　　塩 …………… 小さじ1/3弱

　　ケチャップ・ソース
　　………………… 各大さじ1

　　オリーブオイル …… 小さじ2

粉チーズ …………………… 適宜

セロリの葉 ………………… 適宜

作り方

❶ 玉ねぎとにんじん、セロリは
みじん切りにする。

❷ コンテナにフィジリと❶、
合挽き肉、水、カットトマト、
A を加えてふたをのせ、電
子レンジで14分加熱して蒸
らす。

❸ よく混ぜ合わせ、器に盛り、
お好みで粗くきざんだセロリ
の葉をのせ、粉チーズをふる。

\\マグロとパスタをのりにくるんでどうぞ/

マグロのパスタ　ユッケ風

材料

フィジリ …………………………… 60g
水 ………………………………… 250ml
塩 …………………………… 小さじ 1/4
アボカド ………………………… 1/4 個
マグロ（ぶつ切り）………………… 80g
A | めんつゆ（2倍濃縮）……… 大さじ 2
　 | コチュジャン …………… 小さじ 1
　 | ごま油 ………………………… 大さじ 1
白ごま・貝割れ菜・韓国のり … 各適宜

加熱時間	冷凍から加熱	冷凍保存
15分	18分	14日

作り方

❶ コンテナにフィジリと水、塩を入れて
ふたをのせ、電子レンジで15分加熱
する。加熱後、氷水で冷やし、水気
をしっかりと切る。

❷ アボカドはひと口大に切り、マグロ、
A とともに ❶ に 入れてよく混ぜ合わ
せる。

❸ 器に盛り、お好みで白ごま、貝割れ菜、
韓国のりを添える。

バジルの香りがすがすがしい

たらこジェノベトマト

第3章　ショートパスタ編

加熱時間 **16**分　冷凍から加熱 **19**分　冷凍保存 **14**日

材料

コンキリエ …………………… 60g

たらこ（切子）………………… 30g

塩 ……………………… 小さじ1/4

水 …………………………… 250ml

トマト ……………………… 1/4 個

バジル ……………………… 3 枚

バジルソース（市販）………… 適宜

作り方

❶ コンテナにコンキリエとたらこ、塩、水を入れてふたをのせ、電子レンジで16分加熱する。

❷ トマトは1cm角に切り、バジルはちぎって❶に加えてよく混ぜる。

❸ 器に盛り、お好みでバジルソースをかける。

77

加熱時間　冷凍から加熱　冷凍保存
16分　**19**分　**14**日

レモンの香りが追いかけてくるクリームソースが絶品！

アボカドとベーコンの
レモンバターソースパスタ

材料

ファルファッレ …………………… 60g
アボカド …………………… 1/2 個
玉ねぎ …………………… 1/4 個
ベーコン …………………… 1 枚
水 …………………… 250ml
コンソメ …………………… 小さじ 1/2
塩 …………………… 小さじ 1/2
A｜生クリーム ………… 大さじ 4
　｜レモン汁 …………… 小さじ 1
黒こしょう …………………… 少々
レモン …………………… 適宜

作り方

❶ アボカドは1cm角に切る。玉ねぎはみじん切りにする。ベーコンは1cm幅に切る。

❷ コンテナにファルファッレと❶、水、コンソメ、塩を入れてふたをのせ、電子レンジで16分加熱する。

❸ フォークでアボカドをざっくりと潰し、Aを加えてよく和えて器に盛る。黒こしょうをふり、お好みで輪切りにしたレモンを添える。

ちょっぴり濃いめの味つけでビールのお供にピッタリ!

バジル香るガパオパスタ

加熱時間	冷凍から加熱	冷凍保存
16分	19分	14日

材料

コンキリエ	60g
玉ねぎ	1/4個
バジル	2枝分
赤パプリカ	1/4個
鶏ひき肉	100g
水	250ml
A ナンプラー	小さじ2
オイスターソース	小さじ2
バジル	適宜

作り方

❶ 玉ねぎとパプリカは1cm角に切る。バジルはちぎる。

❷ コンテナにコンキリエと❶の玉ねぎ、鶏ひき肉、水、Aを入れてふたをのせ、電子レンジで16分加熱する。

❸ ❶のパプリカとバジルを入れてよく混ぜ合わせ、器に盛る。お好みでバジルを飾る。

かぼちゃとチーズのクリームパスタ

材料

ファルファッレ	60g
かぼちゃ	80g (正味)
ベーコン	1枚
水	200ml
塩	小さじ 1/3
コンソメ	小さじ 1/2
A　生クリーム	大さじ 4
バター	10g
黒こしょう	少々
ピンクペッパー	適宜

作り方

1. かぼちゃは1.5cm角に切り、ベーコンは1cm幅に切る。

2. コンテナにファルファッレと1、水、塩、コンソメを入れてふたをのせ、電子レンジで16分加熱する。

3. かぼちゃをフォークで潰し、Aを加えてよく混ぜ合わせ、器に盛り、黒こしょうをふる。お好みでピンクペッパーを散らす。

Point

パスタが熱いうちに、手早く生クリームとバターを入れてよく混ぜ合わせることで、トロリとした舌ざわりのよいソースになります。かぼちゃを潰すのは多少粗くても大丈夫!!

レタスは大きめに！ シャキシャキした歯応えが楽しい

ツナガーリックと豆のパスタ

加熱時間	冷凍から加熱	冷凍保存
14分	17分	14日

Point

葉野菜は加熱後に加えます。余熱で火を通すことで、レタスもシャキっとした食感に。

材料

フィジリ	60g
にんにく	1片
レタス	大2枚
水	250ml
ツナ（缶詰）	1缶
ミックスビーンズ	50g
A 鶏がらスープの素	小さじ1/2
ナンプラー	小さじ2
マヨネーズ	大さじ1
黒こしょう	少々

作り方

❶ にんにくはみじん切りにする。レタスはひと口大にちぎる。

❷ コンテナにフィジリと❶の にんにく、水、ツナ、ミックスビーンズ、A を入れてふたをのせ、電子レンジで14分加熱する。

❸ ❶の レタスとマヨネーズ、黒こしょうを加えて混ぜ合わせ、レタスがしんなりとしたら器に盛る。

サバのだしが利いたラタトゥイユ風！ スープごと召し上がれ
野菜のうまみたっぷりのピリ辛パスタ

材料

コンキリエ	60g
にんにく	10g
ズッキーニ	30g
なす	1/2本
パプリカ（赤・黄）	各30g
カットトマト（缶詰）	100g
サバの水煮（缶詰）	1/2缶（約80g）
水	200ml
A 白ワイン	大さじ1
唐辛子（輪切り）	適量
塩	小さじ1/2
塩・こしょう	各少々

加熱時間	冷凍から加熱	冷凍保存
13分+3分	16分+3分	14日

作り方

❶ にんにくはみじん切りにする。ズッキーニ、なす、パプリカはそれぞれ1cm角に切る。

❷ コンテナにコンキリエと❶ のにんにく、カットトマト、サバの水煮、水、A を入れてふたをのせ、電子レンジで13分加熱する。

❸ ❶ のズッキーニ、なす、パプリカを入れてざっくりと混ぜ、ふたをのせずに電子レンジで3分加熱し、塩とこしょうで味を調える。

加熱時間	冷凍から加熱	冷凍保存
14分	17分	14日

とってもヘルシーなスタミナパスタ

発酵爆弾パスタ

材料

フィジリ	60g
サラダチキン	40g
たくあん	20g
大葉	2枚
紫玉ねぎ	20g
水	250ml
A 塩麹	大さじ1
ポン酢しょうゆ	大さじ1
ひきわり納豆	1/2パック
白ごま	適宜

作り方

❶ サラダチキンは角切りに、たくあん、大葉はそれぞれ色紙切りにする。紫玉ねぎはみじん切りにする。

❷ コンテナにフィジリと水を入れてふたをのせ、電子レンジで14分加熱する。

❸ 器に盛り、よく合わせた A をかけ、付属のたれとカラシで和えた納豆、❶ をのせ、お好みで白ごまをふる。

バターしょうゆの風味がベストマッチ

エビとホタテのペッパーパスタ

加熱時間	冷凍から加熱	冷凍保存
14分	17分	14日

材料

フィジリ	60g
にんにく	1片
冷凍エビ（むき身）	80g
冷凍ホタテ	80g
水	250ml
塩	小さじ1/2
酒	大さじ2
A　しょうゆ	小さじ1
バター	10g
こしょう	適量

作り方

❶ にんにくはみじん切りにする。

❷ コンテナにフィジリと❶、エビとホタテ、水、塩、酒を入れてふたをのせ、電子レンジで14分加熱する。

❸ A を加えて全体をよく混ぜ合わせ、器に盛る。

加熱時間 **6**分+**3**分

冷凍から加熱 **9**分+**3**分

冷凍保存 **14**日

ニョッキもコンテナでもっちり&とろ〜り

エビとトマトのクリームニョッキ

材料

ニョッキ	……………………………	100g
にんにく	……………………………	1片
冷凍エビ (むき身)	………………	100g
カットトマト (缶詰)	……………	100g
A	コンソメ …………………	小さじ1
	白ワイン …………………	大さじ1
水	……………………………	100ml
生クリーム	……………………	大さじ2
黒こしょう	……………………	少々
粉チーズ	………………………	少々
イタリアンパセリ	………………	適宜

作り方

1 にんにくはみじん切りにする。

2 コンテナにニョッキと 1 、冷凍エビ、カットトマト、A、水を入れてふたをのせ、電子レンジで6分加熱する。

3 生クリームを入れてよく混ぜ合わせ、ふたをのせずに電子レンジで3分加熱する。全体がトロッとすれば完成。器に盛り、黒こしょう、粉チーズをふり、お好みでイタリアンパセリを添える。

クリームは最後に加えて余熱で仕上げる

サケとほうれん草のクリームパスタ

加熱時間 **15分**　冷凍から加熱 **18分**　冷凍保存 **14日**

材料

ペンネ	┄┄┄┄┄┄┄┄┄┄	60g
塩ザケ	┄┄┄┄┄┄┄┄┄┄	1切
ほうれん草	┄┄┄┄┄┄┄	50g
A　白ワイン	┄┄┄┄┄┄	大さじ2
コンソメ	┄┄┄┄┄	小さじ1/2
塩	┄┄┄┄┄┄┄┄┄	小さじ1/4
水	┄┄┄┄┄┄┄┄┄┄┄	250ml
生クリーム	┄┄┄┄┄┄┄	大さじ2
シュレッドチーズ	┄┄┄┄┄	20g
粉チーズ・黒こしょう	┄┄┄┄	適宜

作り方

❶ 塩ザケはひと口大に切る。ほうれん草は4cm長さに切る。

❷ コンテナにペンネと❶の塩ザケ、A、水を入れてふたをのせ、電子レンジで15分加熱する。

❸ 生クリーム、シュレッドチーズ、❶のほうれん草を加えてよく混ぜ合わせ、ほうれん草がしんなりとしたら器に盛る。お好みで粉チーズと黒こしょうをふる。

＼ 隠し味のみそとウスターソースでコクが増す！ ／

和風ミートクリームパスタ

材料

ニョッキ ……………… 100g

玉ねぎ …………………… 1/4 個

にんにく ………………… 1片

マッシュルーム ………… 2 個

牛ひき肉 ………………… 100g

カットトマト（缶詰）…… 50g

水 ………………………… 100ml

A ｜ ウスターソース　小さじ1
　｜ ケチャップ …… 小さじ1
　｜ ナツメグ ………… 少々
　｜ 赤みそ ……… 大さじ1/2

生クリーム ………… 大さじ2

粉チーズ・ドライパセリ …… 適宜

加熱時間 **7**分　冷凍から加熱 **10**分　冷凍保存 **14**日

作り方

❶ 玉ねぎとにんにくはみじん切りにする。マッシュルームは薄切りにする。

❷ コンテナにニョッキと❶、牛ひき肉、カットトマト、水、Aを入れてふたをのせ、電子レンジで7分加熱する。

❸ 生クリームを加えてよく混ぜ合わせ、器に盛る。お好みで粉チーズとパセリをふる。

にんにくの利いた定番メニュー。ワインのお供にどうぞ

アラビアータ

加熱時間　冷凍から加熱　冷凍保存
15分　　18分　　14日

材料

ペンネ	………………………	60g
にんにく	………………………	1片
A	唐辛子（輪切り）………………	適量
	オリーブオイル ……… 大さじ1と1/2
	塩 …………………… 小さじ1/2 弱
	こしょう ……………………… 少々
水	………………………	150ml
カットトマト（缶詰）………………	100g
パセリ	………………………	適宜

作り方

❶ にんにくは薄切りにする。

❷ コンテナにペンネと❶、A、水、カットトマトを入れてふたをのせ、電子レンジで15分加熱して蒸らす。

❸ よく混ぜ合わせて器に盛り、お好みでパセリをふる。

タコとバジルの
ピリッと辛いパスタ

風味も食感もタコがアクセントに

材料

コンキリエ	60g
タコ	40g
にんにく	1片
トマト	1/2個
水	250ml
A 塩	小さじ1/4
唐辛子（輪切り）	適量
バジルソース（市販）	大さじ1/2
パセリ	適宜

加熱時間 **16**分　冷凍から加熱 **19**分　冷凍保存 **14**日

作り方

❶ タコはそぎ切りにする。にんにくはみじん切りにし、トマトは1cm角に切る。

❷ コンテナにコンキリエと❶のタコとにんにく、水、Aを入れてふたをのせ、電子レンジで16分加熱する。

❸ ❶のトマトを加えてよく混ぜ合わせて器に盛り、お好みでパセリをふる。

加熱時間 **17分**　冷凍から加熱 **20分**　冷凍保存 **14日**

＼ グレープフルーツの香りとナッツの食感が心地よい ／

スプーンで食べる
フレッシュ野菜とスモークチキンのパスタ

材料

コンキリエ ……………… 60g

サラダチキン（スモーク）… 50g

グレープフルーツ …… 1/4 個

きゅうり ……………… 1/2 本

紫玉ねぎ ………………… 20g

ミックスナッツ ……… 大さじ1

水 …………………… 250ml

フレンチドレッシング
…………… 大さじ1と1/2

作り方

❶ サラダチキン、グレープフルーツ、きゅうり、紫玉ねぎ、ミックスナッツはそれぞれ細かく切る。

❷ コンテナにコンキリエと水を入れてふたをのせ、電子レンジで17分加熱する。加熱後、氷水で冷やし、水気をしっかりと切る。

❸ ❶ とフレンチドレッシングを加えてざっくりと混ぜ合わせ、器に盛る。

鶏肉とハーブのパスタ

加熱時間	冷凍から加熱	冷凍保存
15分	18分	14日

材料

ペンネ …………………… 60g

鶏もも肉 ………………… 100g

れんこん ………………… 50g

水 ………………………… 250ml

A | 塩 …………… 小さじ1/2弱

　 | コンソメ ………… 小さじ1/2

　 | ローズマリー …………… 1枝

作り方

❶ 鶏もも肉は1cm角に切る。れんこんはいちょう切りにして、水洗いする。

❷ コンテナにペンネと❶、水、A を入れてふたをのせ、電子レンジで15分加熱する。

❸ さっくりと混ぜて、いただく。

\ カレー風味でレバーが食べやすい! /
レバーとコーンのペッパーパスタ

加熱時間	冷凍から加熱	冷凍保存
10分+5分	13分+5分	14日

材料

ペンネ	60g
鶏レバー	80g
にんにく	1片
水	250ml
A　塩	小さじ1/3
白ワイン	大さじ2
砂糖	小さじ1
カレー粉	小さじ1
コンソメ	小さじ1
コーン	50g
ドライパセリ	適宜

作り方

❶ 鶏レバーはひと口大に切り、冷水でふりあらい、血のかたまりなどを取り除く。にんにくはみじん切りにする。

❷ コンテナにペンネと❶のにんにく、水、Aを入れてふたをのせ、電子レンジで10分加熱する。❶のレバーとコーンを加えてふたをのせ、再び5分加熱する。

❸ よく混ぜ合わせて器に盛り、お好みでパセリをふる。

番外編
1

冷凍うどん
× コンテナレンチン

鍋を使わなくても、コンテナで本格調理

基本の流れ

1 凍ったままコンテナに

冷凍うどんは解凍する必要なし。凍ったままのうどんを袋から出し、そのままコンテナに入れて下さい。

2 具や調味料を入れる

うどんの上に具や調味料、水を入れます。事前に具材を炒めたり煮たりする必要はありません。

3 レンチンする

レシピによっては途中で具材や調味料などを加えて、さらにレンチンするものも。

4 よく混ぜる

電子レンジから出したコンテナの中身をよく混ぜ、味をなじませます。やけどには注意して。

加熱時間	冷凍から加熱	冷凍保存
6分+1分	9分+1分	14日

╲ まろやかなエスニック風カレーうどん ╱

ココナッツカレーうどん

材料

冷凍うどん …………………… 1玉

鶏もも肉 …………………… 80g

水 ……………………… 200ml

砂糖 ………………… 小さじ1

A｜ ココナッツミルク ……100g

　｜ ナンプラー …… 大さじ1/2

　｜ カレールー ………… 1かけ

紫玉ねぎ・パクチー ……各適宜

作り方

❶ 鶏肉は一口大に切る。

❷ コンテナに冷凍うどんと❶、水、砂糖を入れてふたをのせ、電子レンジで6分加熱する。

❸ A を加えてよく混ぜ、カレールーが溶けたら再び電子レンジで1分加熱する。

❹ 器に盛り、お好みで粗く刻んだ紫玉ねぎとパクチーをのせる。

＼ 野菜は余熱で食感よく仕上げて ／
パッタイ風うどん

材料

冷凍うどん（稲庭風）	………………	1袋
にんにく	…………………………	1片
にら	……………………………	30g
冷凍エビ	…………………………	50g
唐辛子（輪切り）	………………	適量
水	………………………………	大さじ2
卵	………………………………	1個
もやし	……………………………	30g
A 桜エビ	…………………	大さじ1
サラダ油	………………	小さじ1
ナンプラー	…………	小さじ1弱
オイスターソース	………	小さじ2

加熱時間	冷凍から加熱	冷凍保存
5分+2分	8分+2分	14日

作り方

① にんにくはみじん切りに、にらはざく切りにする。

② コンテナに冷凍うどんと**①**のにんにく、エビ、唐辛子、水を入れてふたをのせ、電子レンジで5分加熱する。

③ **②**をざっくりと混ぜて片側に寄せ、卵を片方に割り入れて溶きほぐし（右画像参照）、そのまま電子レンジで2分加熱する。

④ **①**のにら、もやし、Aを加えてよく混ぜ合わせ、器に盛る。

お好みでレモンをひと絞り

アサリとトマトの アジアンヌードル

加熱時間	冷凍から加熱	冷凍保存
7分	10分	14日

材料

冷凍うどん（稲庭風）‥‥ 1袋

アサリ ‥‥‥‥‥‥‥ 100g

トマト ‥‥‥‥‥‥‥ 50g

紫玉ねぎ ‥‥‥‥‥‥ 30g

パクチー ‥‥‥‥‥‥ 適量

しょうが ‥‥‥‥‥‥ 1片

水 ‥‥‥‥‥‥‥‥ 400ml

A｜ナンプラー ‥ 大さじ1弱
　｜酒 ‥‥‥‥‥ 大さじ1

塩・こしょう ‥‥‥ 各少々

作り方

❶ アサリは砂抜きする。しょうがはせん切りにする。トマトは1cm角に切る。紫玉ねぎは薄切りに、パクチーはざく切りにする。

❷ コンテナに冷凍うどんと❶のアサリ、しょうが、水、A を入れてふたをのせ、電子レンジで7分加熱する。

❸ アサリが開いているのを確認して（開いていない場合はさらに30秒ずつ加熱）、トマトを入れて塩、こしょうで味を調え、器に盛り、紫玉ねぎ、パクチーをのせる。

滑らかで優しい味のクリームうどん！

豆乳明太クリームうどん

加熱時間	冷凍から加熱	冷凍保存
5分+2分	8分+2分	14日

材料

冷凍うどん ‥‥‥‥‥‥ 1袋

水 ‥‥‥‥‥‥‥‥ 100ml

明太子（切子）‥‥‥‥ 30g

調整豆乳 ‥‥‥‥‥ 200ml

めんつゆ（2倍濃縮）
‥‥‥‥‥‥‥‥ 大さじ3

小ねぎ・のり ‥‥‥ 各適宜

作り方

❶ コンテナに冷凍うどんと水、明太子を入れてふたをのせて、電子レンジで5分加熱する。

❷ 豆乳とめんつゆを加え、再び電子レンジで2分加熱する。

❸ 器に盛り、お好みで斜め切りにした小ねぎと刻んだのりをのせる。

番外編 2 そうめん × コンテナレンチン

温も冷も、レンチンでスピード調理

基本的の流れ

1 そうめんを半分に折る

そのままだとコンテナに入らないので、半分に折って使います。

2 そうめんを格子状に置く

火の通りをよくするためと、めんがくっついてしまうのを防ぐため、そうめんは格子状にクロスさせて置きます。

3 水を入れてレンチンする

そうめんをゆでる場合は水のみで OK。具材や調味料が入るときには、一緒に入れてレンチンします。

4 よく混ぜる

加熱後はよく混ぜ、しっかり味をなじませます。葉野菜はレンチン後に入れて、余熱で火を通します。

╲ とろっとした口どけの優しい味わい ╱

三つ葉のにゅうめん

加熱時間
3分

材料

そうめん ………… 1束 (50g)

三つ葉 ………………… 1束

水 …………………… 300ml

白だし …………… 大さじ1

梅干し ………………… 1個

作り方

❶ 三つ葉は半分の長さに切る。

❷ そうめんは半分に折り、コンテナに入れる。水を加えてふたをのせ、電子レンジで3分加熱する。

❸ ❶ と白だしを入れてよく混ぜ合わせる。器に盛り、梅干しをのせる。

ねばねば好きにはたまらない

マグロと山芋の
ねばねばそうめん

加熱時間
2分

作り方

❶ 納豆とめかぶは付属のたれと混ぜ合わせる。
山芋は皮をむいてすりおろす。マグロは食べ
やすい大きさに切り、山芋と混ぜ合わせる。

❷ そうめんは半分に折り、コンテナに入れる。
水を加えてふたをのせ、電子レンジで2分加
熱する。加熱後、氷水で冷やし、水気をしっ
かりと切る。

❸ ❷を器に盛り、❶をのせ混ぜ合わせた A を
回しかけ、しょうがをのせ、黒こしょうを
ふり、混ぜながらいただく。

材料

そうめん	1束
納豆・めかぶ	各1パック
山芋	50g
マグロ（ぶつ切り）	50g
水	200ml
A　めんつゆ	大さじ1強
ごま油	小さじ2
おろししょうが	1/2片分
黒こしょう	少々

サバ缶を使ったカンタン冷汁！

冷汁風そうめん

加熱時間
2分

東南アジアでメジャーな麺料理「ラクサ」をそうめんで！

シンガポールラクサ風 そうめん

加熱時間 **4分**

材料

そうめん	1束
にんにく	1片
しょうが	1片
厚揚げ	80g
水	350ml
A 中華だし	小さじ1/2
カレー粉	大さじ1/2
唐辛子 (輪切り)	適量
ココナッツミルク	大さじ4
ゆで卵	1/2個
黒こしょう	少々
ライム	適宜

作り方

❶ にんにく、しょうがはみじん切りにする。厚揚げは7mm幅に切る。

❷ そうめんは半分に折り、コンテナに入れる。❶と水、混ぜ合わせた A を加えてふたをのせ、電子レンジで4分加熱する。

❸ ココナッツミルクを加えて混ぜ合わせ、器に盛る。ゆで卵をのせ、黒こしょうをふり、お好みでくし形に切ったライムを添える。

材料

そうめん	1束
きゅうり	1/2本
みょうが	1本
サバの水煮 (缶詰)	1/2缶 (汁も含む)
A みそ	小さじ2
しょうゆ	小さじ1
白すりごま	大さじ2
水	200ml
氷	適宜
白ごま	適宜

作り方

❶ きゅうりは輪切りに、みょうがは薄切りにする。ボウルにきゅうり、みょうが、サバの水煮、A を入れて混ぜ合わせる。

❷ そうめんは半分に折り、コンテナに入れる。水を加えてふたをのせ、電子レンジで2分加熱する。加熱後に氷水で冷やし、水気をしっかりと切る。

❸ ❷を器に盛り、❶をかけ、お好みで氷を入れて白ごまをふる。

番外編 3 中華蒸し麺 × コンテナレンチン

手間いらずで、汁ありも汁なしもイケます!

基本的の流れ

1 蒸し麺タイプを使用

本書では焼きそば用の蒸し麺を使用。レンチン調理することで、もっちりした食感が楽しめます。

2 麺に油を回しかける

ほぐれやすくなるように、あらかじめ麺に油を回しかけます。量の目安は小さじ1ぐらい。

3 具材を入れレンチンする

コンテナに具材や調味料を入れて電子レンジへ。具材は中華麺の上にのせて。冷凍からの加熱は+3分。

4 よく混ぜる

加熱後はよく混ぜ、しっかり味をなじませます。葉野菜はレンチン後に入れるのがおすすめ。

加熱時間	冷凍から加熱	冷凍保存
5分	8分	14日

炒めるのとは一味違う食感が楽しめる!

シーフード焼きそば

材料

中華蒸し麺 ……………… 1袋

小松菜 ……………………… 50g

シーフードミックス ……… 100g

水 ………………………… 大さじ2

A｜サラダ油 ………… 小さじ1

　｜白だし ………… 大さじ1/2

塩・こしょう …………… 各少々

作り方

❶ 小松菜は3cmの長さに切る

❷ コンテナに中華蒸し麺とシーフードミックス、水、A を入れてふたをのせ、電子レンジで5分加熱する。

❸ ❶ を加えて混ぜ合わせる。塩、こしょうで味を調え、器に盛る。

材料

中華麺 ………… 1玉
にんにく ……… 1/2片
にら …………… 20g
水 ………… 100ml

A 甜麺醤
　‥ 大さじ1と1/2
　豆板醤‥ 小さじ1/2
　しょうゆ‥ 小さじ2
　ごま油 … 小さじ2

干ししいたけ(スライス)
　………… 3g
豚ひき肉 ……… 100g
卵黄 ………… 1個分
白ごま・花椒
　………… 各適宜

作り方

❶ にんにくはみじん切りに、にら
　は粗みじん切りにする。

❷ コンテナに水とAを入れてよ
　く混ぜる。中華麺、干ししい
　たけ、❶のにんにく、豚ひき
　肉を加えてふたをのせ、電子レ
　ンジで7分加熱する。

❸ 全体をよく混ぜて器に盛る。
　❶のにらと卵黄をのせ、白ご
　ま、花椒をふる。

花椒_{ホアジャオ}でお好みの「シビレ」に

台湾風まぜめん

加熱時間 **7**分　冷凍から加熱 **10**分　冷凍保存 **14**日

粗挽きこしょうをたっぷりかけて大人味に

トマトラーメン

加熱時間 **9**分　冷凍から加熱 **12**分　冷凍保存 **14**日

材料

中華麺 ………………… 1玉
オクラ ………………… 2本
サラダチキン ………… 40g
水 …………………… 200ml
カットトマト（缶詰）……… 200g
ツナ（缶詰）…………… 1缶

A 鶏がらスープの素 … 小さじ1
　塩 ……………… 小さじ1/2
　しょうゆ ………… 小さじ2
　タバスコ ………… 適量
レモン・粗挽きこしょう … 各適宜

\まろやかしょうゆ味の冷製そば。/

豚しゃぶまぜそば
辛味もやしのせ

加熱時間	冷凍から加熱	冷凍保存
5分	8分	14日

材料

中華麺 …………………………… 1玉
水 …………………………… 200ml
豚しゃぶしゃぶ用肉 ………… 60g
もやし …………………………… 60g
A　すりごま ………… 大さじ1
　　ごま油 …………… 小さじ1
　　塩・おろしにんにく
　　………………………… 各適量
　　一味唐辛子 …………… 適量
ポン酢しょうゆ …… 大さじ1と1/2
ごま油 …………………… 小さじ2
きゅうり・糸唐辛子・ラー油
…………………………… 各適宜

作り方

❶ コンテナに中華麺と水を入れて豚しゃぶ
　しゃぶ用肉を広げながらのせ、肉の上にも
　やしをのせる。ふたをのせ、電子レンジで
　5分加熱する。

❷ もやしを別ボウルに取り分け、A と混ぜ合
　わせる。麺と豚肉は冷水でさっと洗い水
　気を切り、器に盛る。

❸ もやしをのせ、ポン酢とごま油をかける。
　お好みで薄切りにしたきゅうりと糸唐辛子
　を添え、ラー油をかける。

作り方

❶ オクラはガクを取り、斜め半分に
　切る。サラダチキンは薄切りにする。

❷ コンテナに中華めんと水、カット
　トマト、ツナ、A を入れ、❶ のオ
　クラをのせる。ふたをのせ、電子
　レンジで9分加熱する。

❸ よく混ぜて器に盛り、❶ のサラダ
　チキンをのせる。お好みで半月切
　りにしたレモンを添え、粗挽きこ
　しょうをふる。

107

番外編 **4**

春雨
✕ コンテナレンチン

夜食やお酒のシメなど、スープ感覚でどうぞ

基本的の流れ

1 春雨は戻さずに使用

春雨は水や湯で戻さずに、そのまま使います。

2 具材を入れレンチンする

コンテナに春雨と具材、水、調味料を入れ、レンチンします。

3 よく混ぜる

コンテナの中身をよく混ぜ、味をなじませます。コンテナが熱くなっているので、やけどに注意。

4 仕上げる

メニューによっては、余熱を使った仕上げの工程があります。

氷水でしめて食感よく仕上げて

冷麺風春雨

加熱時間	冷凍から加熱	冷凍保存
5分	8分	14日

 材料

春雨 ……………………… 35g

きゅうり ………………… 1/5本

白菜キムチ ……………… 80g

ねぎ（白い部分）……… 5㎝分

もやし …………………… 50g

水 ………………………… 200ml

A　水 ………………… 200ml

　　しょうゆ ………… 小さじ1

　　白だし ………… 大さじ2

ゆで卵 …………………… 1/2個

白ごま …………………… 少々

りんご酢 ………………… 適宜

作り方

❶ きゅうりは斜め薄切りに、ねぎは白髪ねぎ
にする。

❷ コンテナに春雨ともやし、水を入れてふた
をのせ、電子レンジで5分加熱する。加熱
後、氷水で冷やし、水気をしっかりと切る。

❸ 器に盛り、Aを注ぎ、❶、ゆで卵、キム
チをのせて白ごまをふる。お好みでりんご
酢をかける。

109

\\ 枝豆と春雨の食感の違いが楽しい //

枝豆と豆乳の しょうがスープ

加熱時間	冷凍から加熱	冷凍保存
4分+2分	7分+2分	14日

材料

春雨	35g
水	200ml
冷凍枝豆	100g
おろししょうが	小さじ 1/2
調製豆乳	200ml
めんつゆ（2倍濃縮）	大さじ 3
刻みのり	適宜

作り方

1. 枝豆は房から外す。
2. コンテナに春雨と水を入れてふたをのせ、電子レンジで4分加熱する。
3. 1 としょうが、調整豆乳、めんつゆを加えて再び電子レンジで2分加熱する。
4. 混ぜ合わせて器に盛り、お好みで刻みのりをのせる。

\\ 卵もふんわり仕上がる //

酸辣湯ヌードル

材料

春雨	35g
水	450ml
A　干ししいたけ（スライス）	6g
鶏がらスープの素	大さじ 1/2
しょうゆ	小さじ 2
塩・こしょう	各少々
卵	1個
ラー油・酢	各少々
小ねぎ	適宜

材料

春雨	35g
有頭エビ	3尾
しょうが	1/2片
にんにく	1/2片
長ねぎ（青い部分）	約1本分
水	400ml
カットトマト（缶詰）	100g
A 唐辛子（輪切り）	適量
酒	大さじ2
ナンプラー	大さじ1
パクチー・レモン	各適宜

＼ タイの代表的スープをお手軽に再現！ ／

トムヤムクン風春雨

加熱時間	冷凍から加熱	冷凍保存
8分	11分	14日

作り方

❶ エビは足、背わたを取り除いて水洗いする。しょうがはせん切りに、にんにくはみじん切りにする。臭み消しの長ねぎはちぎっておく。

❷ コンテナに春雨と水、カットトマト、❶、A を入れてふたをのせ、電子レンジで8分加熱する。

❸ 長ねぎを取り除いてほかの具を器に盛り、お好みでパクチーや半切りにしたレモンをのせる。

作り方

❶ コンテナに春雨と水、A を入れてふたをのせ、電子レンジで9分加熱する。

❷ 塩、こしょうをして味を調え、溶きほぐした卵を糸状に流し入れる。卵が固まってきたらゆっくりと混ぜ合わせる。

❷ 器に盛り、ラー油、酢を回しかけ、お好みで刻んだ小ねぎを散らす。

加熱時間	冷凍から加熱	冷凍保存
9分	12分	14日

田村つぼみ

料理家・栄養士・フードコーディネーター。短大卒業後、料理教室の講師を経て、料理研究家・浜内千波氏のもとでアシスタントとして修業後に独立。「毎日の"ふだんごはん"を無理せず楽しく健康に!」をモットーに、書籍や女性誌でのレシピ掲載を中心に活躍中。その他、飲食店や企業のメニュー開発、CM・TV のフードコーディネート、野菜や果物をベースとしたカフェ「fudangohan cafe」(東京・駒込)の運営など幅広く手がける。

http://www.tsubomi-t-cooking.com/
instagram:tsubomi_tamura

最速3分　レンチンで楽々!
コンテナパスタ

2021 年 10 月 30 日　初版発行

著者	田村つぼみ
撮影	ヒゲ企画 (高橋宜仁)
デザイン	松本菜美 (株式会社 ACQUA)
編集	田中 誠 (株式会社 ACQUA)
調理アシスタント	大竹好恵
	矢澤美由紀
	中島智子
写真協力	矢澤美紗希／矢澤紗英
発行者	近藤和弘
発行所	東京書店株式会社

〒 113-0034
東京都文京区湯島 3-12-1
ADEX BLDG.2F
TEL:03-6284-4005　FAX:03-6284-4006
http://www.tokyoshoten.net

印刷・製本　株式会社光邦

ISBN978-4-88574-593-5　C2077
Printed in Japan
©TAMURA Tsubomi2021